AF226952

LE COMTE D'EU

ET LA

FRANCE NOUVELLE

DANS L'AMÉRIQUE DU SUD

PAR

ÉVARISTE PIMPETERRE

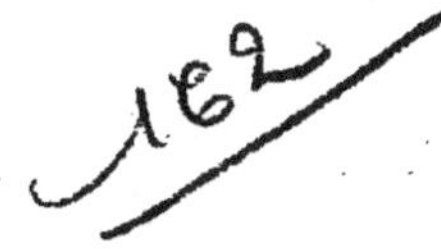

PARIS

E. DENTU, LIBRAIRE-ÉDITEUR

PALAIS-ROYAL, 17 ET 19, GALERIE D'ORLÉANS

—

1869

SEINE
IMPÉRIAL
TIMBRE

AVANT-PROPOS

Nous nous proposons, dans ces quelques pages, un double but patriotique.

C'est de faire connaître à la France des événements heureux pour le prestige auquel elle a droit, et pour tous les Français que leurs affaires, leurs relations ou le désir des voyages entraînent vers l'Amérique du Sud.

C'est d'empêcher le Gouvernement français de se laisser aller, par une jalousie puérile, à contrarier des victoires inespérées, remportées par un général qui n'a d'autre tort que d'être un illustre exilé.

Si la diplomatie de la France doit intervenir quelque part, ce n'est pas pour empêcher l'expansion de la civilisation et de la liberté.

On lui demande de le faire, quand on la presse de se déclarer pour l'ancien dictateur du Paraguay contre le Brésil.

Nous admirons le courage et surtout le génie *si commercial* de Lopez, mais nous aimons encore plus la civilisation et la liberté qui vont être rendues à des contrées d'où elles étaient bannies.

LE COMTE D'EU

ET

LA FRANCE NOUVELLE

DANS L'AMÉRIQUE DU SUD

I

Chacun sait que quatre nations considérables ont contribué à peupler l'Amérique et à y fonder des États, républiques ou monarchies.

Ce sont, la nation anglaise, la nation espagnole, les Portugais et la France.

Les Anglais ont perdu leur empire, mais la république des États-Unis n'en est pas moins toute anglaise, sauf quelques États du Sud.

Les Espagnols ont aussi perdu leur empire ; mais une partie de l'Amérique du Nord, comme le Mexique, et toutes les républiques de l'Amérique centrale et de l'Amérique du Sud sont espagnoles. Le Portugal a gardé son empire du Brésil.

Seule, la France n'a plus rien que ses pauvres petites colonies des Antilles.....et Cayenne ! Et si l'on n'y prend garde, elle qui a tout fait pour l'indépendance des deux Amériques, elle verra son nom s'effacer d'un continent où elle a eu de vastes possessions et une influence incommensurable.

Que faire dans cet ordre d'idées si nationales ? Quels efforts faut-il tenter ? Voilà ce que nous voulons rechercher ?

II

Napoléon III avait eu une idée que les événements ont condamnée. C'était de relever par les mains de la France l'empire du Mexique.

Mais toute la jalousie de la race anglaise s'est alors révélée. La France d'ailleurs s'est montrée tiède dès qu'elle a vu que c'était un prince autrichien qui recueillerait les fruits des efforts de nos héroïques soldats. Les journaux libéraux ont combattu l'expédition du Mexique. Il a fallu nous résoudre à une évacuation, et le nom français, malgré les brillantes victoires de nos soldats, n'y a pas gagné en prestige. *On dit en Amérique que nous savons vaincre, mais que nous ne savons pas profiter de la victoire.*

III

Heureusement, tandis que les faits d'armes de notre excellente et brave armée se terminaient par l'évacuation du Mexique, les événements nous préparaient sur deux autres points de l'Amérique un triomphe éclatant.

Tout le monde connaît le projet du canal de Nicaragua et chacun a entendu parler des difficultés qu'il présente. Louis-Napoléon les a étudiées et les a décrites, en invitant le monde civilisé à les vaincre.

Un autre Français, M. Félix Belly, a semblé un instant devoir être le Ferdinand de Lesseps de cette immense opération qui devait faire communiquer l'Atlantique et le Pacifique, et épargner aux navires européens la longue et difficile navigation du cap Horn. Les idées françaises à ce sujet se sont tellement répandues dans le monde entier et en Amérique principalement, que, ne pouvant percer l'isthme, on a cherché à tourner la difficulté.

De là le chemin du Honduras, qui a rencontré tout de suite une si grande et si vive sympathie en France où il a trouvé ses principaux adhérents. Les besoins de l'industrie française et les intérêts commerciaux de l'Europe faisaient d'ailleurs de cette entreprise une nécessité absolue.

Jusqu'ici les voies inter-océaniques étaient le monopole exclusif des Yankees qui dominaient le Pacifique, transformé en un lac, où la race anglo-saxonne pouvait seule aboutir, grâce au chemin de fer du Panama et à celui de San-Francisco à New-York.

L'initiative de cette œuvre colossale en voie de construction appartient à M. Victor Herran, ministre de Honduras, le premier en France qui parla de l'impérieuse nécessité de joindre les deux océans.

Plus tard, un jeune publiciste bien connu, M. Gustave de Bélot, vint aussi prêcher la croisade en Europe contre le monopole Yankee. Ex-consul de France à San-Salvador et aujourd'hui ministre de la république de Saint-Domingue, M. de Bélot a fait plus que personne connaître dans de nombreuses brochures (1), par des articles publiés dans la *Liberté*, et dans nos principales feuilles, l'importance de ce chemin.

Grâce à ses écrits, à la persévérance de M. Herran, et aux mesures si libérales du président de la République, M. le général Médina, qui a fait appel à une émigration dont le courant prend aujourd'hui des proportions colossales, la voie du Honduras va enfin permettre à toute l'Europe commerciale de ne plus craindre l'emploi forcé du transit par Panama, pour aller dans les mers du Sud et le Pacifique. Si donc les deux océans ont entre eux une communication sûre et rapide, c'est à la France qu'on la devra, et l'Amérique ne saurait l'oublier. Le nom français est aussi indissolublement attaché à la communication inter-océanique qu'au percement de l'isthme de Suez.

---

(1) *La République de San-Salvador*, 1865 ; *le Chemin de fer inter-océanique du Honduras*, 1867 ; *la Vérité sur le Honduras*, 1869.

I V

L'autre événement considérable qui est venu relever le prestige de la France, mais cette fois dans l'Amérique du Sud, est la nouvelle issue qu'a prise l'interminable guerre entre le Paraguay, d'une part, et le Brésil uni à la Plata de l'autre.

Les origines de cette guerre sont connues.

Dans son patriotisme, le président Lopez, continuant d'ailleurs une politique surannée, avait cru devoir fermer le Paraguay au commerce des républiques orientales. Il s'est mis en hostilité avec le Brésil, comme ayant occupé un territoire dans la république de la Plata, et comme menaçant ainsi le Paraguay. De là une guerre qui dure depuis 1864.

Cette guerre a été successivement dirigée par le chef de la Confédération Argentine: MM. le président Mitre, et le marquis de Caxias, le plus expérimenté des généraux brésiliens.

Il a fallu toute l'indomptable énergie de Lopez, l'aveugle dévouement de son peuple, et l'ascendant qu'il exerçait sur lui pour résister durant tant d'années aux forces des coalisés.

Il a fallu surtout la constitution géographique du sol, les solitudes, les cours d'eau, les forêts impénétrables, les montagnes, les marais.

Nous ne raconterons pas cette lutte homérique, depuis le sac de Paysandu jusqu'à la prise de l'Assomption.

Vainement on crut la guerre finie, lorsque le marquis de Caxias ayant enlevé la forteresse d'Humaïta, qui passait pour imprenable, remonta le cours du Paraguay et pénétra dans la capitale.

Telle était la renommée d'invincibilité dont jouissait Lopez que ces événements retentirent dans toute l'Amérique du Sud où l'on ne s'occupe exclusivement que de cette lutte.

Mais les succès du marquis de Caxias malgré leur exsive importance furent bientôt menacés ; il tomba malade, la peste se mit dans son armée, et à la suite vinrent l'indiscipline et la désorganisation. Le Brésil parut devoir rétrograder et tout le monde annonça sa défaite prochaine.

V

Mais alors se leva à San-Christoval l'étoile d'un jeune prince français qui, depuis le commencement de la guerre, avait vainement demandé à y être employé.

C'était le comte d'Eu, petit-fils du roi Louis-Philippe, fils du duc de Nemours, et neveu des ducs d'Aumale, de Joinville et de Montpensier, ces excellents Français que la France n'a pas encore oubliés malgré vingt ans d'exil.

Le comte d'Eu, qui avait épousé la fille de l'empereur du Brésil, devait nécessairement porter ombrage à l'entourage impérial, et il était prudent, pour le charger d'un commandement que, par un séjour d'une certaine durée au Brésil, qui compte tant de braves soldats et où il règne un esprit militaire si vif, le gendre de l'empereur eût pour ainsi dire été adopté par la nation et l'armée.

Des revers inattendus hâtèrent ce moment. Les mauvaises nouvelles de l'armée ne discontinuant pas, on pensa enfin à ce jeune prince.

Peut-être ses ennemis ou ses rivaux espéraient-ils qu'il recevrait un échec.

VI

Mais bien loin de là ! Le comte d'Eu part avec quelques renforts, arrive à l'Assomption, réorganise l'armée, y rétablit la discipline, redonne aux soldats la confiance, et inspire aux chefs cette amitié qui fait les vrais frères d'armes.

Il poursuit Lopez dans des retraites qui passent pour inaccessibles, le tourne, remporte victoires sur victoires, et en même temps désarme les Paraguayens par la douceur de son commandement, et par les conditions qu'il offre en proclamant à la fois l'indépendance du Paraguay et la liberté des fleuves, origine de la guerre.

Où le comte d'Eu avait-il appris le secret de vaincre et de profiter de la victoire? C'est ce que nous allons dire.

L'École du malheur est une grande école.

Lorsque le comte d'Eu commença à prendre du goût

pour le métier des armes , il était à l'école d'artillerie de Séville, comptant se consacrer à la même spécialité que son oncle le duc de Montpensier.

L'Espagne se trouvait alors en litige avec le Maroc : ce litige devint bientôt une guerre dont le maréchal O'Donnell et le héros Juan Prim, qui devait plus tard devenir un des triumvirs de l'Espagne, reçurent la conduite. Malgré son extrême jeunesse, le comte d'Eu demanda à la reine Isabelle la permission de servir sous leurs ordres. Envoyer cet enfant sous un climat si rude paraissait une imprudence. Le comte déclara qu'il désobéirait si la permission lui était refusée : on la lui accorda.

Les journaux espagnols ont raconté comment plusieurs fois, conduisant la charge sous les yeux d'O'Donnel et de Juan Prim, il fit crier autour de lui : Vive le jeune Français. (*Viva el joven frances.*)

Mais ce qu'ils n'ont pas dit, c'est que, la guerre finie, le comte d'Eu ne se crut pas devenu général pour avoir fait une campagne.

Il se remit spontanément à l'école d'artillerie, et on l'y voyait étudiant avec ardeur les œuvres des grands capitaines.

Il ne discontinua pas ses études à la cour du Brésil.

Là, sans afficher le dédain pour les plaisirs, il sut se

faire estimer même des ennemis du nom français par son caractère sérieux et doux à la fois. Observateur fin, modeste, il se tenait à l'écart, méditant néanmoins à fond sur les affaires de son pays adoptif.

VII

On conçoit le retentissement qu'eurent au Brésil, dans la Plata, l'Uruguay et dans toute l'Amérique espagnole du Sud et du Centre, les victoires du comte d'Eu.

La jalousie du Nord-Américain se mit en campagne, et nous avons sous les yeux des brochures de source yankee affirmant qu'il faut à tout prix empêcher les succès des Brésiliens au Paraguay et les forcer à suspendre leurs campagnes victorieuses.

On va plus loin : on s'adresse au Gouvernement français dans quelques-uns de ces écrits. On lui dit que lui, le gouvernement de Napoléon III, il doit voir avec peine le petit-fils de Louis-Philippe s'illustrer en Amérique. On exploite la parenté du comte d'Eu avec l'empereur don Pedro : on montre en lui le futur successeur

au trône du Brésil. On fait voir à la dynastie des Napo-
léons un danger éloigné, mais certain, dans la dynastie
impériale du Brésil, rajeunie par le jeune général. On s'é-
crie qu'il y aura un antagonisme inévitable. On cherche
même à faire intervenir des négociateurs, de façon à
paralyser tous les succès passés et futurs du comte
d'Eu.

VIII

Sera-t-il permis à un homme qui s'est avancé jusque
dans les steppes de la Patagonie, qui connaît à fond les
sentiments des républicains de la Plata, de l'Uruguay et
des populations du Brésil, sera-t-il permis à un Français dévoué à son pays de contredire une telle opinion?

Si l'on voyait la France se déclarer inopinément pour
le Paraguay auquel nous ne sommes d'ailleurs nulle-
ment hostile, tout le monde mettrait certainement cette
intervention tardive sur le compte de la jalousie dynas-
tique. Loin d'acquérir le moindre prestige nouveau, le
nom français perdrait tout celui qu'il a conquis.

« Voyez, disait dernièrement un journal de New-York, qui en même temps voulait exciter les Brésiliens contre leur général, voyez ce que sont les Français comme soldats. Il a suffi d'un Français pour faire prendre une tout autre face à la guerre du Brésil et du Paraguay.

Il est vrai que ce prince sait vaincre mais ne cherche pas à conquérir. »

Cette critique détournée de l'expédition du Mexique donne la mesure de ce que penseraient les Yankees. Ils publieraient que Napoléon III est jaloux du petit-fils de Louis-Philippe, et ils trouveraient dans cette intervention pacifique qui est demandée un sujet d'accusation contre nous.

D'ailleurs, où serait notre prétexte ? L'indépendance du Paraguay n'est pas menacée, on la proclame. On le laisse libre après la défaite de choisir son gouvernement, la forme et les chefs de sa nouvelle administration. On ne prétend occuper aucune de ses provinces.

On proclame aussi la liberté de navigation, la liberté des fleuves.

Ne sont-ce pas là les principes mêmes, les principes sacrés de la révolution de 1789 , du traité de Paris en 1856 et du droit français ? Et nous interviendrions par des négociations pour empêcher un tel résultat ? Non, nous ne le ferons pas, car nous serions à la fois inutiles au Paraguay qui ne peut plus résister, et hostiles à la civilisation !

Loin de nous opposer d'une façon quelconque à l'issue pacifique et complète du différend qui depuis 1864 occupe tous les esprits dans le Sud américain, nous devrions au contraire hâter par notre influence la conclusion des négociations.

Quelle gloire pour nous, si le Brésil, les républiques orientales, et le Paraguay régénéré pouvaient communiquer librement ? On ne saurait se faire une idée des richesses naturelles de ces diverses républiques où nous comptons plus de cent mille nationaux (1). Si le com-

---

(1) Chiffres donnés par la statistique du commerce extérieur de la France dans l'année de guerre de 1865 :

Les importations du Brésil en France se sont élevées à. . . .	96,118,481 fr.	
Nos exportations au Brésil se sont élevées à		118,870,905 fr.
La république Argentine a exporté chez nous pour	57,212,335	
Nous lui avons envoyé en marchandises pour		61,951,411
Les importations de l'Uruguay se sont élevées à.	37,827,960	
Les exportations à		24,717,549
Nous avons donc reçu, en marchandises, de ces trois États, pour	191,158,776	
Et nous lui en avons envoyé pour		205,539,865 fr.

merce français pouvait remonter librement le fleuve du Paraguay, y fonder des comptoirs sur les meilleurs points, établir des succursales à l'Assomption, quelle source ne serait-ce pas de fructueuses opérations? Ce serait un avenir tout nouveau.

Déjà le Paraguay a une mission en France. Un grand nombre de ses jeunes gens sont élevés avec les nôtres. L'école de Saint-Cyr en forme chaque année plusieurs et de très-distingués au métier des armes.

Laissons donc les Paraguayens s'arranger entre eux, fonder leur gouvernement national comme ils l'entendent. En forçant Lopez à s'enfuir dans les extrémités septentrionales du pays, le comte d'Eu et la brave armée brésilienne ont pour ainsi dire délivré le Paraguay. Ces splendides contrées étaient isolées, par sa politique, du reste de la terre. La civilisation n'y pouvait pénétrer. Soyons les bienfaiteurs d'un peuple généreux, en encourageant de tous nos efforts, chez lui, l'ère de l'affranchissement et de la liberté! Lopez n'était, après tout, qu'un dictateur, héroïque sans doute, mais le plus absolu qui ait jamais existé. Les Paraguayens, qui pendant cinq ans ont défendu, pied à pied, leur territoire et fait des prodiges d'invention pour rester vainqueurs, méritent tout à fait la liberté.

IX

Raisonnons maintenant au point de vue national sur une autre question.

Quel mal y aurait-il donc pour la France et pour nos intérêts à ce que le nom et l'influence du comte d'Eu grandissent le Brésil et y attirassent nos concitoyens ?

On peut faire des reproches politiques au roi Louis-Philippe et prétendre que la révolution de 1848 a été le produit de ses fautes. Mais que dire de ses enfants : du duc de Joinville, du duc d'Aumale, du duc de Montpensier et du duc de Nemours, père du comte d'Eu? On les voit toujours se tenir à l'écart des intrigues. Jamais on ne les trouve dans le rang des ennemis de la France.

Nous allons donner au lecteur un léger aperçu des services militaires rendus à leur pays par ces illustres proscrits, et nous avons interrogé, à cet effet, au hasard l'histoire de *nos soldats et de nos généraux d'Afrique,* par un écrivain républicain et conséquemment impartial pour eux (1).

-----

(1) Léon Plée : *Nos soldats, nos généraux et les guerres d'Afrique :* Paris, chez Barba, éditions 1856 et 1864.

« Il est impossible, y lisons-nous, de trouver des cœurs plus vraiment français. Aux Bibans, à Constantine, à la prise de la Smala, à Mogador, ce sont toujours les mêmes. Jeunes gens courageux qui semblent vouloir d'autant plus se montrer braves et prêts à sacrifier leur personne, que l'on accuse davantage le Gouvernement français de craindre les combats. »

Après avoir cité le rapport du prince de Joinville sur le bombardement de Mogador, l'écrivain démocrate dit :

« Certes, on ne peut parler plus modestement d'un grand avantage remporté ; mais ce que le jeune amiral ne dit point, c'est la part qu'il prit à plusieurs épisodes du combat. Il avait, comme général, les grandes traditions. Il eût rougi de frapper un ennemi. A l'attaque de l'Ile, on le vit marcher *sans armes* à la tête des colonnes, tandis qu'à ses côtés tombaient, blessés ou tués, les marins de l'escadre. »

Voici comment il raconte le départ des princes en 1848 :

« La situation de l'armée d'Afrique était difficile ; celle de France avait accepté le nouveau gouvernement.

Néanmoins, au premier moment, les généraux présents à Alger et les officiers supérieurs se pressaient autour des princes, leur offrant contre la révolution l'appui de leur épée. Mais ces jeunes gens, que frappait une catastrophe si grande, si imprévue, et pour eux-mêmes si peu méritée, refusèrent avec noblesse, en répondant qu'avant d'être princes ils étaient citoyens, et que le premier devoir du citoyen est de ne pas se mettre en révolte contre les vœux de son pays. » Et cet écrivain cite à l'appui la proclamation du duc d'Aumale.

« *Soumis à la volonté nationale, je m'éloigne ; mais au fond de l'exil, tous mes vœux seront pour votre prospérité et pour la gloire de la France, que j'aurais voulu servir plus longtemps.* »

« A la suite de cette proclamation, les princes s'acheminèrent, suivis de ceux des officiers qui avaient le courage de l'amitié, vers le port où les attendait le vaisseau qui devait les conduire en exil. Sur leur passage, les colons se découvraient et criaient : Vivent les princes !
« Criez : *Vive la France !* leur dit d'Aumale. »

X

Tous les historiens de nos guerres d'Afrique enchérissent encore sur ces éloges. On voit que le comte d'Eu est le digne continuateur de son père et de ses oncles.

Mais ce que nous devons relever dans sa conduite, ce n'est pas la bravoure, c'est l'esprit politique. Cet esprit se fait voir dans toute la suite de la guerre du Paraguay. Grâce à son intervention, ce sont des prodiges qui s'opèrent dans ce malheureux pays. En effet, nous lisons ce qui suit dans une correspondance de Montevideo du 15 octobre, insérée dans les principaux journaux français :

« L'ordre se fait dans tout le territoire évacué par *El Supremo* (1). Le gouvernement provisoire, installé à

---

(1) Nom donné au dictateur.

Assomption, s'occupe activement de réorganiser le pays.
Il rétablit dans leurs terres et dans leurs propriétés les
habitants qui, peu à peu, reviennent et font valoir leurs
droits (des femmes pour la plupart). Il a pris à sa solde
les légions paraguayennes qui avaient combattu dans les
rangs des Argentins. Les anciens officiers de Lopez,
qui l'ont abandonné ou qui ont été faits prisonniers, se
rallient à l'autorité nouvelle, et un ordre de choses régu-
lier ne tardera pas à s'établir.

« Le gouvernement provisoire a adressé au peuple
une proclamation que son étendue ne me permet pas de
reproduire et qui jette un jour curieux sur ce qu'était la
législation de cette prétendue république. Cette proclamation déclare quels seront les principes fondamentaux
qui régleront les rapports des citoyens et du gouvernement provisoire, tant que la souveraineté nationale, par
la voix de ses mandataires, n'aura point établi la constitution politique de la république. Ces principes, ce sont
la liberté individuelle, le respect des propriétés, l'égalité
des citoyens, le droit de se livrer à toute espèce de travail, commerce ou industrie, la liberté de la presse, etc.
Mais par la teneur de certains articles spéciaux, on peut
juger de l'état de choses qui s'était perpétué depuis les
jésuites.

« Art. 6. *La loi sera égale pour tous.*

« Art. 9. *Les peines sont personnelles et ne pourront frapper que le délinquant lui-même.*

« Art. 12. Toutes les croyances religieuses seront tolérées.

« Art. 22. Les crimes de trahison, de sédition, de complot contre l'ordre et la tranquillité publique seront jugés par les tribunaux.

« Art. 23. La confiscation et la *torture* sont abolies.

« Un décret spécial a aboli l'esclavage. Il existait donc. Légalement tous les fils d'esclaves, nés depuis 1845, avaient été déclarés libres par un décret de Lopez Ier ; en fait, ils étaient demeurés tout aussi peu libres que leurs pères. Un autre décret permet aux étrangers de se livrer à la cueillette de l'*yerba (maté)* et à l'exploitation des forêts. »

On comprend d'après cela si les Paraguayens sont heureux d'être délivrés, et si la France gagnerait quelque chose à empêcher le Brésil d'accomplir cette révolution bienfaisante. Les femmes même prennent part à la joie générale. Les lois du docteur Francia encore en usage avant la guerre les divisaient en catégories : 1° *Senoritas*, descendantes d'Espagnoles ; l'usage de la soie et des chaussures leur était exclusivement réservé ;

2° *Acaveras* ou bourgeoises qui ne pouvaient porter comme ornement qu'un grand peigne d'or, et marchaient pieds nus ; 3° *Raedas* qui avaient conservé le costume national. Elles ont maintenant l'égalité, ce bienfait de la civilisation.

XI

De tout ce que nous venons de dire, que résulte-t-il ? C'est que la France ne doit pas contrarier ce mouvement de renaissance !

Le nom français relevé dans le Süd américain par le comte d'Eu a une popularité immense. On aurait tort de vouloir la détruire en intervenant à contre-sens.

Que les Français reprennent donc la route du Brésil, celle des républiques de la Plata, de l'Uruguay, du Paraguay, des provinces argentines, ils sont sûrs d'y être couverts par le prestige des victoires récentes. Ils trouveront là ce que la patrie leur refuse : une liberté politique sans bornes, du travail productif, des terres, une existence sociale heureuse et honorée.

Quoique le Brésil ait le titre d'empire, la Constitulion y est respectée comme en Angleterre et suffit au développement de toutes les idées. A côté, les républiques peuvent parfaitement vivre et former un des noyaux des États-Unis du Sud.

Le Paraguay ancien était le despotisme d'un seul; le nouveau sera la liberté de tous. En écrivant ces lignes, ce n'est donc pas pour une personnalité, si éminente qu'elle soit que nous combattons, c'est pour la France, c'est pour la liberté et l'union des peuples !

NOTES

—

L'empereur actuel du Brésil est Pierre II de Alcantara (Jean-Charles-Léopold-Salvador - Bibiano-François-Xavier-de Paula - Léocadio-Michel-Gabriel-Raphael-Gonzague).

Fils de l'empereur Don Pedro Ier de Alcantara, il est né le 2 décembre 1825. Après avoir régné sous tutelle, à la suite de l'abdication de son père à Bonvista, en 1831 ; il a régné en personne en 1841. L'impératrice, sa femme, qu'il a épousée en 1842, est fille de feu François Ier, roi des Deux-Siciles.

L'empereur Don Pedro II n'a que deux filles dont la première, Isabelle-Christine-Léopoldine-Augusta-Michaele-Gabrielle - Raphael-Gonzague, princesse accomplie, a épousé, le 15 octobre 1864, le comte d'Eu. Sa seconde fille a épousé un prince de Saxe-Cobourg-Gotha.

Le comte d'Eu, LOUIS-Philippe-Ferdinand-Gaston d'Orléans, est le fils aîné du duc de Nemours. Il est né en France, à Neuilly, le 28 avril 1842. Il a un frère, le duc d'Alençon, capitaine dans l'artillerie espagnole, et trois sœurs, les princesses Isabelle, Marguerite et Blanche d'Orléans.

Il a été élevé d'abord à Claremont.

DESCENDANCE DE LOUIS-PHILIPPE.

Louis-PHILIPPE.

SES FILS :

1° Ferdinand – Philippe d'Orléans, père du comte de Paris et de Robert, duc de Chartres.

2° Le duc de Nemours, père du comte d'Eu et du duc d'Alençon.

3° Le prince de Joinville, père du duc de Penthièvre, capitaine dans la marine portugaise.

4° Le duc d'Aumale, qui vient d'être frappé dans la personne de sa femme, la princesse de Salerne, Marie-Caroline-Auguste de Bourbon, fille du prince Léopold de Salerne, et dont le deuil a été partagé par tant de Français, — père du duc de Guise.

5° Le duc de Montpensier, père des deux infants d'Espagne, Antoine et Louis.

SES FILLES :

1° La princesse Louise, née en 1812, et mariée à Léopold, roi des Belges, en 1831, et mère du roi Léopold II et du comte de Brabant.

2° La princesse Marie-Clémentine, mariée au prince de Saxe-Cobourg-Gotha.

Les princes de la famille d'Orléans se marient généralement dans leur propre famille. Ainsi, le comte de Paris a épousé une fille du duc de Montpensier, la princesse Marie-Isabelle.

Le duc de Chartres a épousé une fille du prince de Joinville, la princesse Marie-Amélie.

¡[PARAGUAY.

Le président François-Solano Lopez a succédé à son père, le président Charles-Antoine Lopez, en 1862. Celui-ci avait succédé à Vibal, en 1844, et Vibal était le successeur du fameux docteur Francia, dictateur du Paraguay, après la révolte de 1814 contre l'Espagne.

Le Paraguay a environ 30,000 lieues carrées, et ne renferme guère que 1,300,000 habitants.

Le fleuve qui donne son nom au pays prend sa source aux Sept Lacs, dans la province brésilienne de Mato-Grosso. Il reçoit le Porrudos, le Pilconomayo et autres, et se joint au Parana. Il a ses crues périodiques comme le Nil. Le Parana, grossi du Paraguay à Corrientes, se joint à l'Uruguay et forme avec lui le Rio de la Plata.

Le Parana donne son nom à une province du Brésil, et l'Uruguay et le Rio de la Plata à deux républiques. L'Uruguay a pour capitale Montevideo. Le Code français est la base de ses lois. La république du Rio de la Plata est une confédération comme celle des États-Unis du Nord. Elle a pour villes principales Santa-Fé, Corrientes, etc. ; — Buenos-Ayres s'en est séparée en 1852.

Paris. Impr. PAUL DUPONT, rue Jean-Jacques-Rousseau. 41. — 4659.12-9.

19